# Wilhelm Busch
# und der Wein

# Wilhelm Busch
# und der Wein

*Rotwein ist für alte Knaben*
*eine von den besten Gaben*

SCHNELL

SCHNELL Buch & Druck
Warendorfer Lieblingsbücher

Wilhelm Busch und der Wein
Gesammelt und präsentiert von:
Ulrich Gehre

Oststraße 24, 48231 Warendorf
Herstellung: SCHNELL Buch & Druck
GmbH
Waterstroate 16, 48231 Warendorf
ISBN 3-87716-879-5
September 1995

Zu unserem Foto: Aufnahme Dührkopp, Mechtshausen 1904. Die Abbildungsvorlage wurde uns freundlicherweise von der Wilhelm-Busch-Gesellschaft in Hannover zur Verfügung gestellt.

# Zu diesem Buch

*„Rotwein ist für alte Knaben / eine von den besten Gaben"* - das ist eines der meistgebrauchten Wilhelm Busch- Zitate. Uns aber lockte es auf die Suche nach jenen Textstellen und Illustrationen, die sich mit dem Wein, dem edelsten aller Getränke, befassen. Wenn auch Wilhelm Busch selbst in seinen Lehr- und Wanderjahren in München zumeist mehr dem Bier zusprach, so wandelte er sich doch im Laufe seines Lebens zum Weintrinker und -kenner, der von Zeit zu Zeit auch ein Gläschen Champagner durchaus nicht verschmähte.

Als Ergebnis unserer Durchsicht der achtbändigen Gesamtausgabe in Gedichten, Bildergeschichten, Sprüchen und Briefen präsentiert sich dieses Büchlein. Möge es seinen Weg machen und den Freund des Weines geziemend unterhalten und erfreuen - zumal dann, wenn er sich zu seiner Lektüre einen guten Tropfen genehmigt.

Wohl bekomm's!

W.B.

# Wilhelm Busch und der Wein

*„Rotwein ist für alte Knaben*
*eine von den besten Gaben"*

Als Wilhelm Busch am 9. Januar 1908 im Dörfchen Mechtshausen am Harz für immer die Augen schloß, hatte sich ein reiches Dasein vollendet - ein Leben, dessen fröhliche Offenbarung, heiter-besinnliche oder hintergründig-kritische Anmerkungen uns bis auf den heutigen Tag amüsieren oder, je nachdem, erschrecken oder auch nachdenklich machen, wenn wir sein Werk zur Hand nehmen. So endete damals eine 76 Jahre währende Wanderschaft, die Wilhelm Busch einst aus der Beschaulichkeit seines Geburtsortes Wiedensahl bei Stadthagen im Hannoverschen über das Polytechnikum in Hannover und die Kunstakademien von Düsseldorf und Antwerpen in die geselligen Künstlerkreise Münchens und von dort immer wieder zurück in die niederdeutsche Heimat geführt hatte.

Auf diesen nicht sehr bewegten Wegen entstand eine Fülle von Gedichten und Bildergeschichten, mit denen Wilhelm Busch in der allgemeinen Vorstellung zum Altmeister eines oft philosophisch gefärbten, bisweilen auch schwarzen Humors geworden ist: besonders und vor allem mit „*Max und Moritz*", jener berühmten Bubengeschichte in sieben Streichen, die Wilhelm Busch 1865 bei ihrem Erscheinen zwar noch nicht den großen Geldsegen brachte, immerhin aber erstmals doch auskömmliche Einkünfte. Sie begründeten jedoch mit einem Schlage weltweit seinen Ruhm als humoristischen Dichter und Zeichner. Und danach folgten die Bildergeschichten eine nach der anderen: „*Hans Huckebein, der Unglücksrabe*", „*Die fromme Helene*", die „*Knopp-Trilogie*", „*Fips der Affe*", „*Plisch und Plum*", „*Balduin Bählamm, der verhinderte Dichter*", „*Maler Klecksel*" und wie sie alle heißen.

„Im Strich seiner Feder, der Aussagekraft seiner Linie, schreibt sich, scheinbar wie im mühelosen Spiel, doch mit äußerst zuchtvoller Konzentration, eine Genialität des Schauens und der zeichnerischen Bannkraft ihr Zeugnis", deutete in einem klugen Essay Theodor Heuss, der erste deutsche Bundespräsident der Nachkriegszeit, das Geheimnis ihrer Wirkung.

Unverdientermaßen blieben dagegen ein wenig im Schatten der Bildergeschichten die Gedichtsammlungen, die ohne das Beiwerk des illustrierenden Strichs auskommen: *„Kritik des Herzens"*, *„Schein und Sein"* und *„Zu guter Letzt"*, die ebenso ein breites Leserecho verdient hätten wie die noch weit unbekannteren Novellen *„Eduards Traum"* und *„Der Schmetterling"* und die Sammlung niederdeutscher Märchen unter dem Titel *„Ut oler Welt"*.

Als sich Wilhelm Busch in seinen letzten Lebensjahren von der Welt weitgehend zurückgezogen hatte und im Pfarrhaushalt seines in Mechtshausen als Ortsgeistlicher amtierenden Neffen Otto Nöldeke lebte, entstand eine Serie fotografischer Aufnahmen, die ein bezeichnendes Licht werfen auf den Menschen zwischen Diesseits und Jenseits, der rückblickend bekennt: *„Mehr als mein Deputat an Jahren habe ich erhalten. Solang ich mich leidlich befinde dabei, will ich die Zulage dankbar entgegennehmen, ob ich gleich mit Walther von der Vogelweide mich oftmals frage: Ist mir mein Leben getroumet oder ist es wahr?"*

Eine dieser historischen Fotografien, die im April 1904 im Mechtshausener Pfarrgarten aufgenommen worden ist, charakterisiert Wilhelm Busch auf treffliche Weise: Sie zeigt den damals Zweiundsiebzigjährigen an einem hölzernen Gartentisch sitzend, die gütigen Augen unter dem breitkrempigen Hut auf den Betrachter gerichtet, die geliebte Zigarre in der linken Hand. Auf dem Tisch aber steht ein Weinpokal mit kunstvoll verschnörkeltem Stiel und geschliffenem Kelch, wie er in jener Zeit in Mode war, eine Weinflasche daneben.

Diese Attribute sind in dem Foto weit mehr als nur schöne Dekoration. Charakteristisch nennen wir das Bild, weil es uns zugleich die liebenswerten Eigenschaften des vielseitigen Menschen andeutet. „*Wenn ich auch im gewöhnlichen Laufe der Tage, schlichtweg zu essen liebe, bin ich doch nicht so hartmäulig, um ungewöhnlich Gutes nicht schätzen zu können, oder so bescheiden, daß ich mich für das Beste nicht gut genug hielte. Aber oft dergleichen war mir zuwider, wenn ich's auch haben könnte, ohne mir Mühe zu geben.*" Das heißt, daß er einerseits die Hausmannskost liebte, die im bescheidenen Elternhaus des Dorfkrämers Friedrich Wilhelm Busch, in dem Wilhelm Busch als erstes von sieben Kindern am 14. April 1832 das Licht der Welt erblickt hatte, auf den Tisch kam. Zum anderen aber sprach er durchaus auch, zumeist außerhalb der Heimat, feineren Genüssen zu und zeigte sich ihnen gegenüber ganz und gar nicht abgeneigt.

In dieses Spektrum paßt denn auch die Tatsache, daß Wilhelm Busch in seinen Lehr- und Wanderjahren in der ausgelassenen Geselligkeit des Künstlervereins Jung-München - wer wollte sich dem ausgerechnet in der Bayern-Metropole wohl entziehen! - zunächst vor allem ein Biertrinker war. Erst später, nach einer überstandenen Krankheit, schätzte er mehr ein Gläschen Weißwein, genoß ihn allerdings immer mit Maßen, wie denn Wilhelm Busch überhaupt zeitlebens in allen Belangen Maß zu halten wußte. Im Alter allerdings sprach er auch dem Wein nur recht selten zu: *„Alle vierzehn Tage vielleicht leere ich mein halbes Fläschchen, lobe stillvergnügt den Pfälzer und freue mich, daß es in deutschen Landen solch vorzüglichen Wein gibt - aber laut darüber zu singen mag ich nicht."*

So begleitete der Wein unseren Künstler bis ins hohe Alter, war für ihn stets Bestandteil eines erlesenen Menüs. Auch wenn er alt, weise und damit notwendig auch enthaltsam geworden war, reimte er ohne Bitterkeit für einen Stammtisch:

*Ehedem, getreu und fleißig,*
*Tat er manchen tiefen Zug.*
*Erst nachdem er zweimal dreißig*

*Sprach er: Jetzo sei's genug!*
*Von den Taten, wohl vollbrungen,*
*Liebt das Alter auszuruhn,*
*Und nun ist es an den Jungen,*
*Gleichfalls ihre Pflicht zu tun.*

Oder für eine Abiturientia, die um ein paar Zeilen gebeten hatte:

*Wohl ehedem, da trank des Weines*
*Auch ich mein Teil, und zwar kein kleines.*
*Nun aber muß ich mich bequemen,*
*Das Ding mehr objektiv zu nehmen,*
*Um, still verborgen hinterm Zaun,*
*Wenn andre trinken, zuzuschau'n.*
*Und wahrlich. Wenn man fünfundfunfzig,*
*Dann ist es Zeit, daß die Vernunft sich*
*Vernehmen läßt und weise spricht:*
*„Hör, Alter! Das bekömmt dir nicht!"*
*Auch spürt man, daß man gar nicht mehr*
*So liebenswürdig wie vorher. -*
*Da ich denn also fürderhin*
*Zur Zierde nicht zu brauchen bin*

*Das letzte Selbstbildnis, um 1895*

*Und wäre nur wie dürres Reisig*
*Im frischen Kranz der fünfunddreißig,*
*Und weil mein Saitenspiel schon staubig,*
*So seh' ich, fühl' ich, denk' ich, glaub' ich,*
*Es ist für mich das weitaus Beste,*
*Ich bleib' von diesem Jubelfeste,*
*Von Faß und Spaß und Glas und Naß*
*Zu Haus mit meinem Brummelbaß!*

Im freudetrunkenen Kreis des Künstlervereins Jung-München gelangen ihm als „Hausdichter" der allzeit munteren Runde am Beginn seines literarisch-künstlerischen Schaffens einige recht originelle Trinklieder, die auf ihre Weise die Freundschaft beschwören und das Lob des Weines singen:

## Trinklied

*Nun laßt das Lied erschallen*
*Bei frohem Becherklang!*
*Wovon die Herzen wallen,*
*Das werde zum Gesang!*

*Der Tropfen viele Tausend,*
*Die fallen in den Bach,*
*Die Bäche stürzen brausend*
*Ins Tal dem Strome nach.*

*Und stärker braust zum Meere*
*Durchs weite Land der Strom,*
*Drin spiegelt sich der hehre*
*Tiefblaue Himmelsdom.*

*Wovon die Herzen schlagen,*
*Verschweige nicht der Mund,*
*Wir singen und wir sagen*
*Von unserm Jugendbund.*

*Und die Gedanken weilen*
*Und bleiben nicht am Ort,*
*Sie drängen und sie eilen*
*Und fliegen weiter fort.*

*Es eilen die Gedanken,*
*Es weitet sich der Sinn*
*Fern über enge Schranken*
*Zum großen Ganzen hin.*

*Und aus dem engen Kreise,*
*Wo Freundschaft uns verband,*
*Ziehn wir die Sternengleise*
*Zum großen Vaterland.*

# Stiftungslied

*Reicht den Becher in die Runde!*
*Freudig preisen wir die Stunde,*
*Wo wir uns aus fernen Landen*
*Brüderlich zusammenfanden*
*Zu dem schönsten Jugendbunde.*

*Älter Neid, der uns verblieben,*
*Alter Haß, er sei vertrieben.*
*Wer da haßt, der lebt vergebens,*
*Denn die Summe unsres Lebens*
*Sind die Stunden, wo wir lieben.*

*Wo wir irren, wo wir fehlen,*
*Wollen wir uns nicht verhehlen,*
*Aber heimlich und im Rücken*
*Der Verleumdung Dolch zu zücken,*
*Bleibe den gemeinen Seelen.*

*Was wir denken, was wir streben,*
*Was wir lieben und erleben,*
*Sei vereint in diesen Stunden*

*Doppelt schön von uns empfunden,*
*Unsre Herzen zu erheben.*

*Dieser Geist, der uns durchdrungen*
*Lebe frisch und unbezwungen*
*Immer fort in diesen Hallen,*
*Wenn wir längst in Staub zerfallen*
*Und dies Lied schon längst verklungen.*

Das war die Zeit - ab 1859 -, da die ersten seiner Texte und Zeichnungen in den „*Fliegenden Blättern*" der Verlagsbuchhandlung Braun & Schneider, München, veröffentlicht wurden. So zum Beispiel die „*Lieder eines Lumpen*", die in ausgelassener Karnevalsstimmung entstanden sind und in deren Illustrationen der Maler Wilhelm Diez seinen Freund Wilhelm Busch karikierend dargestellt hat. Darin heißt es denn unter anderem:

*Im Wirtshaus an der Brucken*
*Da schenkt man guten Wein.*

*Im Wirtshaus an der Brucken*
*Saß ich den ganzen Tag.*
*Ich saß wohl bis zum Abend*
*Und sann dem Dinge nach.*

*Im Wirtshaus an der Brucken,*
*Da wird der Dümmste klug.*
*Des Nachts um halber zwölfe,*
*Da war ich klug genug.*

*Des Nachts um halber zwölfe*
*Hub ich mich von der Bank*
*Und zahlte meine Zeche*
*Mit zehen Gulden blank.*

*Ich zahlte meine Zeche,*
*Da war mein Beutel leer. -*
*Ich hatt' einmal zehn Gulden.*
*Die hab' ich jetzt nicht mehr.*

In diesen Jahren, wo Busch für ein paar Kreuzer Honorar auch fremde Texte für die „*Fliegenden Blätter*" illustrierte, erschien unter dem Titel „*Bekanntes Trinklied*" zu einem Lessing-Zweizeiler das Bild eines stillvergnügten Zechers in der Gaststube, der stattliche drei Flaschen Wein vor sich auf dem Tisch stehen hat.

*Drohend schwang er seine Hippe,*
*Drohend sprach das Furchtgerippe:*

*„Fort von hier, du Bacchusknecht!*
*Fort, du hast genug gezecht!"*

*Lessing*

In dieser Zeit illustrierte er für die *„Fliegenden Blätter"* auch die weinselige Idylle *„Am Ugley-See bei Eutin"*, Text eines fremden Autors:

# Am Ugley-See bei Eutin

*Jubelndes Singen und Gläserklingen*
*Tief in der stillen Waldeinsamkeit!*
*Über den See die Töne dringen,*
*Und im Echo verhallen sie weit.*

*Unten der Nix auf des Sees Grunde*
*Schreckt empor und lauscht und lauscht,*
*Bis er zuletzt mit murrendem Munde*
*Auf zu der Fläche des Sees rauscht.*

*Jetzt naht ein Gewitter, es schäumen die Wellen,*
*Regen verwandelt die Erde in Schlamm,*
*Zuckende Blitze mit Krachen zerschellen*
*Einer Buche uralten Stamm.*

*Wo sind die lustigen Leutchen geblieben?*
*Wo ihr verwegener Übermut?*
*Lachend sieht sie der Nix zerstieben,*
*Steigt ans Ufer aus wallender Flut.*

*Schilfbekränzt die triefenden Haare,*
*Teilweis silbergrau, wie ein Fisch,*
*Listig lächelnd das Auge, das klare,*
*Setzt er sich an den verlassenen Tisch.*

*Und allmählich bei seinem Trinken*
*Wird es ruhig wieder umher,*
*Leise läßt er die Wellen sinken,*
*Und die Winde brausen nicht mehr.*

*Und dem Nix wird wunderbar schwüle,*
*Beine so schwer und der Kopf so warm,*
*Sehnt sich hinab in der Wellen Kühle*
*Und in der Nixen schimmernden Arm.*
*Da umfaßt er in süßen Gedanken*
*Schnell die letzte der Flaschen in Glut -*
*Mit ihr vereinigt nach kurzem Schwanken,*
*Fällt er kopfüber hinab in die Flut. -*

Im Bühnenstück *„Der Vetter auf Besuch"*, das Wilhelm Busch 1863 für seinen Künstlerverein schuf, reimt der damals dreißigjährige Kunstjünger in der Einlage der 9. Szene:

*Der Wein ist ein vortrefflich Ding,*
*Die Weiber achten's leider zu gering,*
*Und haben's nicht bedacht.*
*Er stärket den Mut,*
*Bewegt das Herz in frischer Glut,*
*Er stärket den Mut,*
*Bewegt das Herz*
*Bei Tage und bei Nacht!*

Das Stück, die *„kleine Posse"*, wie Busch sie nennt, wurde von seinem Vereinsfreund Georg Kremplsetzer vertont und schließlich am Residenztheater aufgeführt.

In der Historie *„Der Geigenseppel"* hatte Busch im März 1860 den erheblichen Weinverzehr seines Musikus' entsprechend glossiert:

*Der Geigenseppel war ein lustig Haus,*
*Lebt in Saus und Braus, jahrein, jahraus,*

*Und zog als Spielmann von Ort zu Ort;*
*Bald geigt er hier, bald trank er dort.*

*So geigt er auch einmal beim Kirchweihfest*
*Von früh bis spät aufs allerbest*
*Und trank dazu des Weins genug,*
*Bis daß die Glocke zwölfe schlug;*
*Nachdem so trank er noch ein Glas*
*Und zog dann seine Straße fürbaß.*

Nach einer Punschpartie in der Silvesternacht beabsichtigt Herr Lehmann in der Bilderfolge *„Der vergebliche Versuch"*, nach der Entfernung seiner Gäste und angesichts der herumliegenden leeren Weinflaschen noch eine Zigarre anzuzünden - ein schwankendes Unterfangen, wie figura zeigt:

In der Bildergeschichte *„Der neidische Handwerksbursch"* sitzt ein wohlgenährter Prasser am Wirtshaustisch und macht sich über ein gebratenes Hähnchen her, das auf seinem Teller liegt. Dazu genehmigt er sich vor dem schmachtenden Handwerksburschen die obligate Flasche Wein:

*Der Dicke schmaust, es perlt der Wein;*
*Der Handwerksbursch' schaut neidisch drein.*

*Der Handwerksbursche unverwandt*
*Vertieft sich in den Gegenstand.*

*Auch das noch! - Es ist unerträglich! -*
*Er flötet so leger als möglich.*

*Der Dicke schlürft mit viel Gefühl,*
*Dem Handwerksburschen wird es schwül.*

In der *„Entführung aus dem Serail"* - gleichfalls aus den frühen Münchener Jahren - wird der Wächter des Sultans mit Hilfe eines süßen Weines in einen seligen Schlummer versetzt.

*Der Ritter Arthur sucht voll Tücken*
*Des Hauses Wächter zu berücken.*

*Schon trinkt die Wache ziemlich viel,*
*Herr Arthur stimmt sein Lautenspiel.*

*Jetzt ist die Schildwach*
*schon betrunken -*
*Und schau!*
*Zuleima hat gewunken.*

Obwohl Weingenuß im allgemeinen doch Wohlbefinden mit guter Laune paart, in der Bilderfolge „*Die Prise*" (1868) erfährt man einleitend das Gegenteil:

*Der Herr Direktor sitzt beim Wein*
*Und schaut gar sehr verdrießlich drein.*

Indessen im 12. Bild der Geschichte und nach einem entspannenden kräftigen *„Haptschih!"* strahlt der Herr Direktor wieder und freut sich, so dürfen wir wohl annehmen, auf den Genuß des längst bereitgestellten Weines:

*Ja! - Sehr erheitert uns die Prise,*
*Vorausgesetzt, daß man auch niese!*

Der Junggeselle Gottlieb Michael in der Bildergeschichte *„Pater Filucius"* (1872) hatte Gefallen gefunden an seiner Base Angelika:

*Sie besorgt die Abendsuppe*
*Still und sorgsam und geschwind;*

*Gottlieb zwickt sie in die Backe:*
*„Danke sehr, mein gutes Kind!"*

Als willkommene Beigabe zur Abendsuppe serviert das gute Kind, wie man im Bilde sehen kann, dem verehrten Herrn Vetter auch eine Flasche Wein. Kein Wunder, daß es im weiteren Verlauf der Geschichte dann alsbald heißt:

*Wein herbei, denn zu vermelden*
*Hab ich eine Neuigkeit:*
*Länger will ich nicht mehr hausen*
*Wie seither als Junggesell.*
*Hier Angelika, die gute,*
*Werde Madam Michael!*

*Drauf ergreift das Wort Herr Fibel,*
*Und er spricht: „Eiei! Sieh da!*
*Ich erlaube mir zu singen:*
*Vivat Hoch! Halleluja!"*

Alle stoßen nach dieser freudigen Botschaft auf das Wohl des verlobten Paares an - natürlich mit edlem Wein in hoch erhobenen Pokalen.

Recht ergiebig für unser Thema *„Wilhelm Busch und der Wein"* erweisen sich auch die *„Abenteuer eines Junggesellen"* aus der Knopp-Trilogie (1885/87). In deren 9. Kapitel, *„Freund Mücke"*, begeben sich Knopp und sein Gefährte Mücke ins Hotel zum blauen Aal, *„ein gemütliches Lokal"*:

*Mücke scheinet da nicht fremd,*
*Er bestellt, was wohlbekömmt.*

*Junge Hähnchen, sanft gebraten,*
*Dazu kann man dringend raten,*

*Und man darf getrost inzwischen*
*Etwas Rheinwein druntermischen.*

*Nötig ist auf alle Fälle,*
*Daß man dann Mussö bestelle.*

*Nun erfreut man sich selbdritt,*
*Denn Kathinka trinket mit!*

*„So, jetzt wären wir soweit,*
*Knopp, du machst wohl Richtigkeit."*

Dem Sekt aber, dem, wie in dieser Geschichte *„Mussö"*, hat Wilhelm Busch auch an anderer Stelle auf seine schrullige Weise ein Denkmal gesetzt: Nachdem Helene (*„Die fromme Helene"*, 1882) ihrem Georg Schmöck angetraut worden war, gelangte das Paar nach Heidelberg, dem *„Freudenort der Neuvermählten"*, wo man zuerst *„die Trümmer, alt und morsch"* besichtigt. Danach aber wird das große Faß bewundert, vor dem das Paar staunend verharrt, jenes umfangreiche, ursprünglich 1589/91 gebaute Holzfaß, Heidelbergs Touristenattraktion damals wie heute. Nach diesem Besichtigungsprogramm stärkt sich das Hochzeitspaar in seinem Hotel: *„Denn Spargel, Schinken, Koteletts / sind mitunter auch was Nett's"*.

Zum Mahl bestellt Schmöck eine Flasche Champagner nach der anderen und wählt die Edelsorte *„Vve. Cliquot"*, während er dazu - siehe Bilder 3 und 5 der nachfolgenden Geschichte - in einer Art Vorwegnahme Zilleschen *„Milljöhs"* den renommierten Namen der französischen Kellerei auf unbekümmerte Weise eindeutscht:

*„Pist! Kellner! Stell'n Sie eine kalt!*
*Und, Kellner! Aber möglichst bald!"*

*Der Kellner hört des Fremden Wort.*
*Es saust der Frack. Schon eilt er fort.*

*Wie lieb und luftig perlt die Blase*
*Der Witwe Klicko in dem Glase. -*

*Gelobt seist du viel tausendmal!*
*Helene blättert im Journal.*

*„Pist! Kellner! Noch einmal so eine!" -*
*- Helene ihre Uhr ist neune. -*

*Der Kellner hört des Fremden Wort.*
*Es saust der Frack. Schon eilt er fort.*

*Wie lieb und luftig perlt die Blase*
*Der Witwe Klicko in dem Glase.*

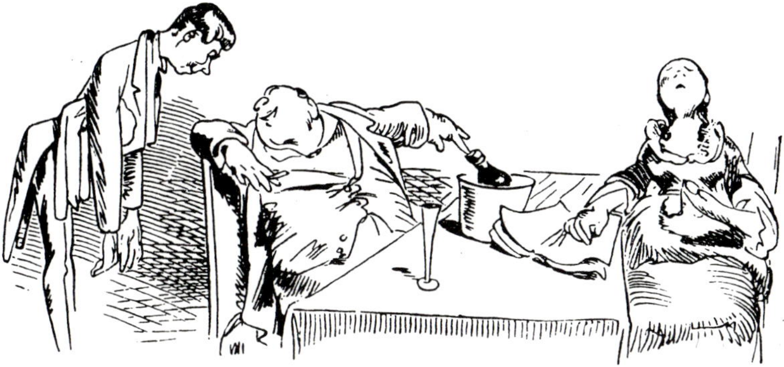

*„Pist! Kellner! Noch so was von den!" -*
*- Helenen ihre Uhr ist zehn. -*

*Schon eilt der Kellner emsig fort. -*
*Helene spricht ein ernstes Wort. -*

*Der Kellner leuchtet auf der Stiegen.*
*Der fremde Herr ist voll Vergnügen.*

*Pitsch! - Siehe da! Er löscht das Licht.*

*Plums! Liegt er da und rührt sich nicht.*

Übrigens schätzte Wilhelm Busch auch persönlich ab und zu ein Gläschen Sekt sehr wohl: „*Ein guter Champagner, wenn sich's grad paßt, und sei's ein Gläschen zuviel ... à la bonheur!*"

Verweilen wir noch ein wenig in der trauten Zweisamkeit von Georg und Helene Schmöck („*Die fromme Helene*"), so erfahren wir im 13. Kapitel vom Familienglück, für das inzwischen der Klapperstorch dort gesorgt hat: „*Er war's, der Schmöck in letzter Nacht / ein kleines Zwillingspaar gebracht*". Schmöck will nun - freilich allein, denn Frau Helene muß indessen das Kindbett hüten - das freudige Ereignis auf seine Weise feiern: Mit einem lukullischen Mahl und mit Champagner als dem von ihm bevorzugten Getränk, ein Festschmaus jedoch mit tödlichen Folgen:

*So recht vergnügt und frisch und munter.*
*Und emsig setzt er sich zu Tische,*
*Denn heute gibt's Salat und Fische.*

*Autsch! - Eine Gräte kommt verquer,*
*Und Schmöck wird blau und hustet sehr;*

*Und hustet, bis ihm der Salat*
*Aus beiden Ohren fliegen tat.*

*Bums! Da! Er schließt den Lebenslauf.*
*Der Jean fängt schnell die Flasche auf.*

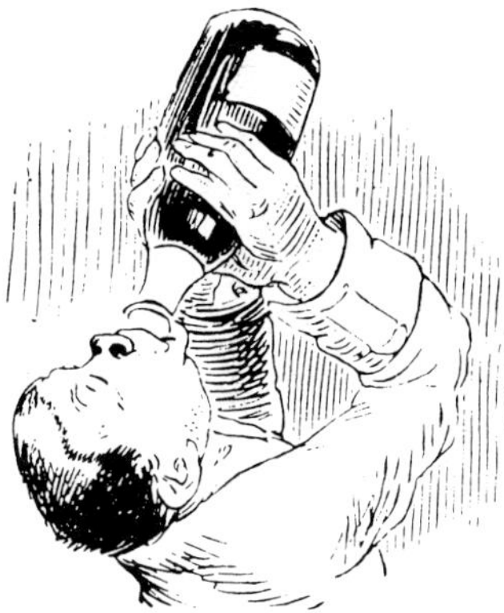

*„Oh!" - sprach der Jean - „es ist ein Graus!*
*Wie schnell ist doch das Leben aus!"*

Mit einer hübschen Wein-Vignette um den verschnörkelten Initialbuchstaben beginnt alkoholbeschwingt „*Dideldum*" (1874), lose aneinandergereihte Gedichte ohne Bilder oder kurze Bildergeschichten in Versen. Das Titelwort entnahm Busch seinem in Wiedensahl aufgezeichneten Märchen „*Hans Hinrich Hildebrand und der Pfaffe*", in dem jedes Reimpaar schließt mit „*Dideldideldum!*". Auch in dieser Sammlung finden sich ergötzliche Lobpreisungen des Rebensaftes.

# Individualität

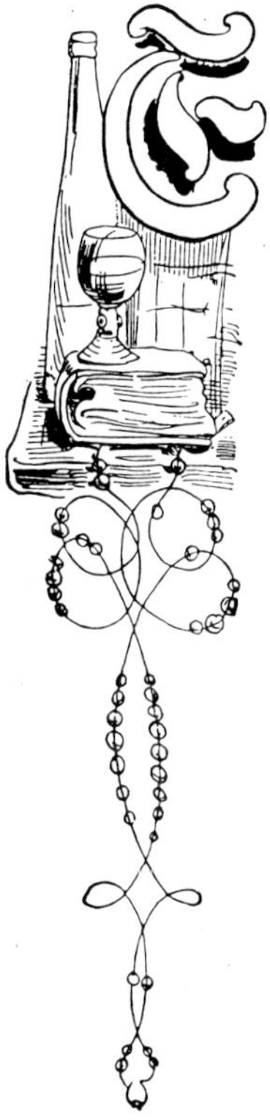

*Es ist mal so, daß ich so bin.*
*Weiß selber nicht warum.*
*Hier ist die Schenke. Ich bin drin*
*Und denke mir: Dideldum!*

*Daß das so ist, das tut mir leid.*
*Mein Individuum*
*Hat aber mal die Eigenheit,*
*Drum denk ich mir: Dideldum!*

*Und schaut die Jungfer Kellnerin*
*Sich auch nach mir nicht um;*
*Ich weiß ja doch, wie schön ich bin,*
*Und denke mir: Dideldum!*

*Und säße einer da abseit*
*Mit Knurren und Gebrumm*
*Und meint, ich wäre nicht gescheit,*
*So denk ich mir: Dideldum!*

*Doch kommt mir wer daher und spricht,*
*Ich wäre gar nicht frumm*
*Und hätte keine Tugend nicht,*
*Das nehm ich krumm. - Dideldum!*

# Wankelmut

*Was bin ich alter Bösewicht*
*So wankelig von Sinne.*
*Ein leeres Glas gefällt mir nicht,*
*Ich will, daß was darinne.*

*Das ist mir so ein dürr Geklirr;*
*He, Kellnerin, erscheine!*
*Laß dieses öde Trinkgeschirr*
*Befeuchtet sein von Weine!*

*Nun will mir aber dieses auch*
*Nur kurze Zeit gefallen;*
*Hinunter muß es durch den Schlauch*
*Zur dunklen Tiefe wallen. -*

*So schwank ich ohne Unterlaß*
*Hinwieder zwischen beiden.*
*Ein volles Glas, ein leeres Glas*
*Mag ich nicht lange leiden.*

*Ich bin gerade so als wie*
*Der Erzbischof von Köllen,*
*Er leert sein Gläslein wuppheidi*
*Und laßt es wieder völlen.*

# Trinklied

*Gestern ging ich wieder mal*
*In die Schenke schnelle,*
*Wie der durst'ge Pilgersmann*
*Eilt aus der Kapelle.*

*Alldieweil der Durst so groß,*
*Trink ich etwas eil'ger*
*Und erglänze alsobald*
*Wie ein neuer Heil'ger.*

Neidvoll sieht in der Bildergeschichte *„Maler Klecksel"* (1884) Maler Kuno, der notorisch knapp bei Kasse ist, seinen Freund Gnatzel beim genußvollen Dämmerschoppen mit Wein und einer guten Zigarre, jenen Gnatzel, den Kuno vergebens anzupumpen versucht.

*Der Kuno blickt in eine Schenke.*
*Sieh da! Freund Gnatzel beim Getränke!*

In mehreren Gedichten der unbebilderten Sammlungen *„Kritik des Herzens"*, *„Schein und Sein"* und *„Zu guter Letzt"* geht es gleichfalls um das Thema Wein und die Folgen seines Genusses wie in diesem Falle. Dabei stellt das Gedicht die vollendetere Form vom *„Lied von der roten Nase"* aus den frühen Münchener Jahren dar.

*Kinder, lasset uns besingen,*
*Aber ohne allen Neid,*
*Onkel Kaspers rote Nase,*
*Die uns schon so oft erfreut.*

*Einst ward sie als zarte Pflanze*
*Ihm von der Natur geschenkt;*
*Fleißig hat er sie begossen,*
*Sie mit Wein und Schnaps getränkt.*

*Bald bemerkte er mit Freuden,*
*Daß die junge Knospe schwoll,*
*Bis es eine Rose wurde,*
*Dunkelrot und wundervoll.*

*Alle Rosen haben Dornen,*
*Diese Rose hat sie nicht,*
*Hat nur so ein Büschel Haare,*
*Welches keinen Menschen sticht.*

*Ihrem Kelch entströmen süße*
*Wohlgerüche, mit Verlaub:*
*Aus der wohlbekannten Dose*
*Schöpft sie ihren Blütenstaub.*

*Oft an einem frischen Morgen*
*Zeigt sie uns ein duftig Blau,*
*Und an ihrem Herzensblatte*
*Blinkt ein Tröpflein Perlentau.*

*Wenn die andern Blumen welken,*
*Wenn's im Winter rauh und kalt,*
*Dann hat diese Wunderrose*
*Erst die rechte Wohlgestalt.*

*Drum zu ihrem Preis und Ruhme*
*Singen wir dies schöne Lied.*
*Vivat Onkel Kaspers Nase,*
*Die zu allen Zeiten blüht!*

*Kennt der Kerl denn keine Gnade?**
*Soll er uns mit seiner Suade,*
*Durch sein breites Explizieren,*
*Schwadronieren, Disputieren,*
*Soll er uns denn stets genieren*
*Dieser säuselnde Philister,*
*Beim Genuß des edlen Weins?*
*Pump ihn an und plötzlich ist er*
*Kurz und bündig wie Glock eins.*

* Gedichte der „Kritik des Herzens" sind ohne Überschrift.

*Mich wurmt es, wenn ich nur dran denke. -*
*Es saß zu München in der Schenke*
*Ein Protz mit dunkelroter Nase*
*Beim elften oder zwölften Glase.*

*Da schlich sich kümmerlich heran*
*Ein armer, alter Bettelmann,*
*Zog vor dem Protzen seinen Hut*
*Und fleht: Gnä Herr, ach sein S' so gut!*

*Der Protz jedoch, fuchsteufelswild,*
*Statt was zu geben, flucht und schilt:*
*Gehst raus, du alter Lump, du schlechter!*
*Nix möcht' er, als grad saufen möcht' er!*

# Die alte Sorge

*Er kriegte Geld. Die Sorge wich,*
*Die ihn bisher beklommen.*
*Er hat die Jungfer Fröhlich sich*
*Zu seinem Schatz genommen.*

*Sie tranken Wein, sie aßen fein,*
*Sie sangen zum Klaviere;*
*Doch wie sie sich so recht erfreun,*
*Da klopft es an die Türe.*

*Die alte Sorge war's, o weh,*
*Die magerste der Sorgen.*
*Sie setzte sich ins Kanapee*
*Und wünschte guten Morgen.*

# Scheu und treu

*Er liebte sie in aller Stille.*
*Bescheiden, schüchtern und von fern*
*Schielt er nach ihr durch seine Brille*
*Und hat sie doch so schrecklich gern.*

*Ein Mücklein, welches an der Nase*
*Des schönen Kindes saugend saß,*
*Ertränkte sich in seinem Glase.*
*Es schmeckte ihm fast wie Ananas.*

*Sie hatte Haare wie 'ne Puppe,*
*So unvergleichlich blond und kraus.*
*Einst fand er eines in der Suppe*
*Und zog es hochbeglückt heraus.*

*Er rollte es auf zu einem Löckchen,*
*Hat's in ein Medaillon gelegt.*
*Nun hängt es unter seinem Röckchen*
*Da, wo sein treues Herze schlägt.*

Wenn unser Büchlein in seiner Thematik vorrangig doch den Wein „pur" meint, so sollte man auch seine damals mehr als heute beliebten Mischprodukte, Bowle und Punsch, berücksichtigen, Getränke, für die Wilhelm Busch persönlich stets zu haben war.

„*Was ist doch unser braver Pfarrer von Ziegelhausen*) für ein origineller Mann. So eine von den Gestalten, die sich dem Gedächtnis unauslöschlich einprägen. Der Maibowle im kleinen Pfarrgärtchen dicht am Strome muß ich mich oft mit vielem Vergnügen erinnern*" (Brief von Wilhelm Busch an den Verleger Otto Bassermann aus Wiedensahl vom 7. Juni 1868). Und freundliches Erinnern an den Maitrunk, im Freien genossen, zeigt auch der gereimte Brief an das Geschwisterpaar Nanda und Letty Kessler in Frankfurt am 14. September 1870:

*Am schönsten aber - wißt Ihr's noch? -*
*Am allerschönsten war es doch,*
*Wenn wir die schönen Nachmittäg,*
*Am Tische dort im Gartenweg,*
*Den Maiwein in die Gläser gossen*

*) Pastor Schmetzer, ein Freund des Dichters Viktor von Scheffel

*Und ihn dann still und unverdrossen*
*Mit Freudigkeit hinunterschlürften -*
*Wenn wir das nur bald wieder dürften!!*
*Doch das ist leider nun vorbei!*
*Vorüber ist der schöne Mai!*
*Längst hat der Sommer angefangen,*
*Bald kommt der Herbst herangegangen;*
*Es weht der Wind, der Regen fällt,*
*Und voll von Krieg ist nun die Welt.*
*Ja, ja! Das ist nicht angenehm!!*

Wintertags hingegen hielt es Busch gern und oft mit der feurigen Silvesterbowle, die er Jahr für Jahr bei seinem Bruder Gustav genoß, der in Wolfenbüttel eine Konservenfabrik betrieb: „... *Die Silvesterbowle denke ich hergebrachtermaßen auch diesmal wieder bei Bruder Gustav in Wolfenbüttel zu trinken*" (1882)

Obwohl Wilhelm Busch persönlich dem Rotwein weit weniger zusprach als dem weißen, verdanken wir eben dieser Rebensorte dennoch eines der meistgebrauchten aller Busch-Zitate, das denn auch als Untertitel in unserem Büchlein anklingt:

*„Rotwein ist für alte Knaben*
*Eine von den besten Gaben"*

Der Leser erfährt den Zusammenhang in der Bildergeschichte *„Abenteuer eines Junggesellen"* aus der Knopp-Trilogie (1875/77) in Kapitel *„Rektor Debisch"*. Dort trifft der Junggeselle Tobias Knopp auf den gestrengen Herrn Pädagogen, der seinem Sohn Kuno gerade eine Lektion erteilt. Rektor Debisch unterbricht jedoch die Lehrstunde sofort, als Freund Knopp das Haus betritt. Und was dann rund um den Wein folgt, reimt und zeichnet Wilhelm Busch auf diese Weise:

*Zu dem Sohne spricht er dann:*
*„Kuno, sag ich, sieh mich an!*
*Höre zu und merke auf!*
*Richte itzo deinen Lauf*
*Dahin, wo ich dir befehle,*
*Nämlich in die Kellerhöhle.*
*Dorten lieget auf dem Stroh*
*Eine Flasche voll Bordeaux.*

*Diese Flasche, sag ich dir,*
*Zieh herfür und bringe mir!"*

*Kuno eilet froh und prompt,*
*Daß er in den Keller kommt,*
*Wo er still und wohlgemut*
*Etwas von dem Traubenblut*

*In sich selbst herüberleitet,*
*Was ihm viel Genuß bereitet.*

*Die dadurch entstandne Leere*
*Füllt er an der Regenröhre. -*

*Rotwein ist für alte Knaben*
*Eine von den besten Gaben:*

*Gern erhebet man das Glas.*
*Aber Knopp, der findet was.*

*„Ei" - spricht Debisch - „dieses ist,*
*Sozusagen Taubenmist.*

*Ei, wie käme dieses dann?*
*Kuno, sag ich, sieh mich an!!"*

*Drauf nach diesem strengen Blick*
*Kommt er auf den Wein zurück.*

*Aber Knopp verschmäht das Glas,*
*Denn schon wieder sieht er was.*

*„Dies" - spricht Debisch - „scheint mir ein Neugeborner Spatz zu sein.*

*Ei, wie käme dieses dann?*
*Kuno, sag ich, sieh mich an!!*
*Deiner Taten schwarzes Bild*
*Ist vor meinem Blick enthüllt;*

*Und nur dieses sage ich:*
*Pfui, mein Sohn, entferne dich!! -"*

*Das ist Debisch sein Prinzip:*
*Oberflächlich ist der Hieb.*
*Nur des Geistes Kraft allein*
*Schneidet in die Seele ein.*

*Knopp vermeidet diesen Ort*
*Und begibt sich weiter fort.*

Über Bier, Branntwein, Korn, Likör und andere Getränke im Zusammenhang von Wilhelm Buschs Leben und Werk wird in einem anderen Büchlein nachzulesen sein*). Uns aber sollte der Vollständigkeit halber auch die mißbräuchliche Nutzung des edlen Rebensaftes interessieren, wie wir sie in seinen Versen und Zeichnungen nachlesen können. Und da stoßen wir erneut auf „*Die fromme Helene*", die uns zuvor ja schon begegnet ist. Sie folgt dem Ratschlag ihres Arztes und spielt sich nach vollbrachter Tat auch noch als Wohltäterin auf:

*Besonders aber tat ihr leid*
*Der armen Leute Bedürftigkeit. -*
*Und da der Arzt mit Ernst geraten,*
*Den Leib in warmem Wein zu baden,*

*) „*Essen und Trinken mit Wilhelm Busch*", Verlag SCHNELL Buch & Druck, Warendorf 1995

*So tut sie's auch.*

*Oh, wie erfreut*
*Ist nun die Schar der armen Leut',*
*Die, sich recht innerlich zu laben,*
*Doch auch mal etwas Warmes haben.*

*Aus „Die wunderbare Bärenjagd"*

Die Macht des süßen Portweins schließlich demonstriert Wilhelm Busch in einer frühen, wenig bekannten ungereimten Geschichte, der Bilderposse „*Die wunderbare Bärenjagd*" aus den „*Münchener Bilderbogen*". Dort wird ein gefährlicher Bär durch den Labetrunk aus der Provianttasche des wackeren Jägers, der vor dem Angreifer auf den Baum geflüchtet war, in einen tiefen Rausch versetzt. In diesem Dämmerzustand kann das wilde Tier schließlich gefangen und gefahrlos abtransportiert werden. Der Wein sei gepriesen!

Wein und Altersweisheit aber sind bei Wilhelm Busch untrennbare Begriffe. Das bezeugt neben der schmuckvollen Wein-Initiale um den Buchstaben D das Einleitungskapitel der Bildergeschichte „*Die Haarbeutel*"*) mit den gedankenschweren Versen:

*) Der Ausdruck „*Haarbeutel*" für einen Betrunkenen scheint im plattdeutschen Sprachgebiet üblich gewesen zu sein. „Busch kannte ihn aus Wiedensahl, wo er auch in meiner Kindheit oft genug zu hören war", merkte der Busch-Neffe und -Biograph Otto Nöldeke an.

*Der Weise, welcher sitzt und denkt*
*Und tief sich in sich selbst versenkt,*
*Um in der Seele Dämmerschein*
*Sich an der Wahrheit zu erfreun,*
*Der leert bedenklich seine Flasche,*
*Hebt seine Dose aus der Tasche,*
*Nimmt eine Prise, macht habschih!*
*Und spricht: "Mein Sohn, die Sach ist die!*

*Eh man auf diese Welt gekommen*
*Und noch so still vorlieb genommen,*
*Da hat man noch bei nichts was bei;*
*Man schwebt herum, ist schuldenfrei,*
*Hat keine Uhr und keine Eile*
*Und äußerst selten Langeweile.*
*Allein man nimmt sich nicht in acht,*
*Und schlupp! ist man zur Welt gebracht.*

*Zuerst hast Du es gut, mein Sohn,*
*Doch paß mal auf, man kommt Dir schon!*

*Bereits Dein braves Elternpaar*
*Erscheint Dir häufig sonderbar.*
*Es saust der Stab, dann geht es schwapp!*
*Sieh da, mein Sohn, Du kriegst was ab!*
*Und schon erscheint Dir unabwendlich*
*Der Schmerzensruf: Das ist ja schändlich!*

*Du wächst heran, Du suchst das Weite,*
*Jedoch die Welt ist voller Leute;*
*Vorherrschend Juden, Weiber, Christen,*
*Die Dich ganz schrecklich überlisten,*
*Und die, anstatt Dir was zu schenken,*
*Wie Du wohl möchtest, nicht dran denken.*
*Und wieder scheint Dir unabweislich*
*Der Schmerzensruf: Das ist ja scheußlich!*

*Doch siehe da, im trauten Kreis*
*Sitzt Jüngling, Mann und Jubelgreis,*
*Und jeder hebt an seinen Mund*
*Ein Hohlgemäß, was meistens rund,*
*Um draus in ziemlich kurzer Zeit*
*Die drin enthaltene Flüssigkeit*
*Mit Lust und freudigem Bemühn*
*Zu saugen und herauszuziehn.*
*Weil jeder dies mit Eifer tut,*
*So sieht man wohl, es tut ihm gut.*

*Man setzt sich auch zu diesen Herrn,*
*Man tut es häufig, tut es gern,*
*Und möglichst lange tut man's auch;*
*Die Nase schwillt, es wächst der Bauch,*
*Und bald, mein Sohn, wirst Du mit Graun*
*Im Spiegelglas Dein Bildnis schaun,*
*Und wieder scheint Dir unerläßlich*
*Der Schmerzensruf: Das ist ja gräßlich!!*

*Mein lieber Sohn, Du tust mir leid.*
*Dir mangelt die Enthaltsamkeit.*

*Enthaltsamkeit ist das Vergnügen*
*An Sachen, welche wir nicht kriegen.*
*Drum lebe mäßig, denke klug.*
*Wer nichts gebraucht, der hat genug!"*

*So spricht der Weise, grau von Haar,*
*Ernst, würdig, sachgemäß und klar,*
*Wie sich's gebührt in solchen Dingen;*
*Läßt sich ein Dutzend Austern bringen,*
*Ißt sie, entleert die zweite Flasche,*
*Hebt seine Dose aus der Tasche,*
*Nimmt eine Prise, macht habschüh!*
*Schmückt sich mit Hut und Paraplü,*
*Bewegt sich mit Bedacht nach Haus*
*Und ruht von seinem Denken aus.*

Um die Titelvignette der "*Haarbeutel*", einen weinselig auf dem Eselsrücken vor sich dahinduselnden Silen, hätte es beinahe eine handfeste Verstimmung zwischen Otto Bassermann und Wilhelm Busch gegeben. Der Verleger, der diesen Vorfall berichtet, hatte verschmitzt lächelnd eine Weinflasche hervorgezogen, auf der als Etikett eben diese Titelvignette prangte. Bassermann hatte dabei nicht mit Buschs Empfindlichkeit gerechnet, wenn man ihn auf seine Arbeiten ansprach oder aber plump versuchte, ihn in größere Gesellschaften einzuführen. Der Künstler nahm die Flasche, kratzte eilig und mit todernster Miene das Etikett ab. Lorenz Gedon, ein Freund der beiden Kontrahenten, hatte das drohende Zerwürfnis zwischen dem Künstler und seinem Verleger gerade noch verhindern können.

Titelvignette "*Die Haarbeutel*"

In den Geschichten der "*Haarbeutel*" variiert Wilhelm Busch, einfallsreich und erfahren in dieser Sache, die verschiedenen Formen der Trunkenheit. Beispiele:

*Siehe, da sitzet Silen bei der wohlgebildeten Nymphe.*
*Gern entleert er den Krug, was er schon öfters getan.*
*(„Silen")*

*Da kommt er endlich angestoppelt.*
*Die Möbel haben sich verdoppelt.*

*(„Die ängstliche Nacht")*

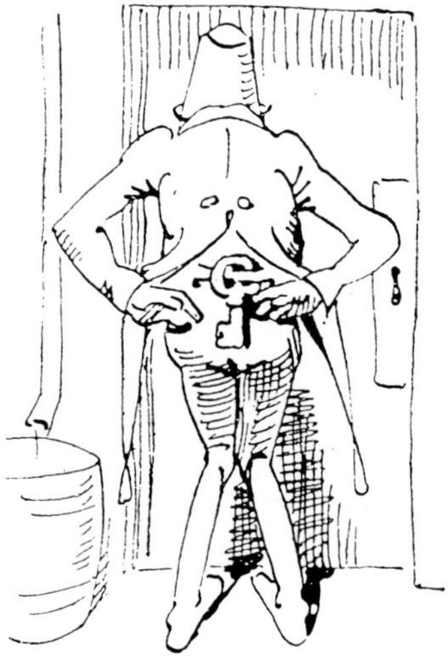

*Der Wind, der weht, die Nacht ist kühl*
*Nach Hause wandelt Meister Zwiel.*
*Verständig, wie das seine Art,*
*Hat er den Schlüssel aufbewahrt.*

*Das Schlüsselloch wird leicht vermißt,*
*Wenn man es sucht, wo es nicht ist.*
*(„Eine kalte Geschichte")*

*Selig schwanket Bauer Bunke*
*Heim von seinem Abendtrunke.*
*(„Eine milde Geschichte")*

*Einen Menschen namens Meier*
*Schubst man aus des Hauses Tor,*
*Und man spricht, betrunken sei er;*
*Selber kam's ihm nicht so vor.*
*(„Der Undankbare")*

*Der Mensch, der hier im Schlummer liegt,*
*Hat seinen Punsch nicht ausgekriegt.*

*Dies ist dem Affen äußerst lieb;*
*Er untersucht, was übrigblieb.*
*(„Vierhändig")*

*„Stets trank er lieber Wein als Wasser
Und war auch nie ein Weiberhasser"*

teilt Wilhelm Busch einem Autogrammsammler auf die Bitte *„um ein paar Worte"* und als Antwort auf die Frage mit, ob er denn, unverheiratet, ein Weiberhasser sei.

Verleger Otto Bassermann sandte Wilhelm Busch zum 70. Geburtstag siebzig Flaschen Pfälzer Wein. *„Deine treffliche Weinsendung erhielt ich. Es ist das eine von den Geburtstagsbeunruhigungen, die man sich wohl gefallen lassen kann"*, bedankt sich Busch, dem aus diesem Anlaß außer vielen materiellen Gaben auch über tausend Glückwünsche und Telegramme aus dem In- und Ausland, darunter eines von Kaiser Wilhelm II., zugegangen waren.

Ein paar Tage vor dem 75. Geburtstag entzieht sich Wilhelm Busch im April 1907 allen etwaigen Ehrungen durch die Reise nach Münster, wo die Nichte Grete Thomsen geb. Meyer mit ihrem Mann, Professor an der dortigen Wilhelms-Universität, in ihrem Haus mit einem großen verwunschenen Garten an der Stadtmauer dem Onkel ein ungestörtes Verweilen ermöglicht. Kurz zuvor, Ende März, war von Bassermann wiederum eine Sendung bester Pfälzer Weine aus Deidesheim geschickt worden. In seinem Dankbrief schreibt der Jubilar: „*Mein Deputat, das mir das Schicksal so reichlich zugemessen, hab ich ja längst getrunken. Um so mehr such ich, wenn's auch nur noch selten geschieht, das Gute zu schätzen, das ich überher kriege.*"

Daß Wilhelm Busch selbst im übrigen den Wein wahrhaft zu genießen verstand, beweist uns eine so treffliche Formulierung wie diese Briefstelle vom 4. Juli 1906: „*Während meiner Eisenbahnfahrt saß ich fast immer allein im Wagen und unterhielt mich ganz traulich mit einer Flasche Assmannshäuser und dachte an die guten Tage in Frankfurt und an die frühstücklichen Stunden unter dem kühlen Kastanienbaum*".

Niemand wußte besser als Wilhelm Busch selbst, daß der Wein schließlich nicht allein als schmackhafte Beigabe, sondern auch als Seelentröster in mißlichen Lagen eine nützliche Wirkung haben kann, er, der zeitlebens ein Einsamer, ja ein Sonderling blieb und sich als solcher den freundlichen Seiten des Daseins zuwandte, in denen neben saftigem Braten durchaus auch ein guter Tropfen immer seinen Platz hat. Kurzum, er hielt es ähnlich wie eines seiner frühesten Musenkinder aus den Münchener Studentenjahren, der von seiner geliebten Donna Clara schmählich verlassene Don Rodrigo. In der Bildergeschichte „*Die Mohrenträne*„ befiehlt Rodrigo seinem schwarzen Diener Molo:

*Bringe mir vom Allerbesten,*
*Mir das Herz daran zu letzen,*
*Denn was Lieb' an mir verbrochen,*
*Soll der Wein mir nun ersetzen!*

*Eine Flasche, Donna Clara,*
*Von dem allerbesten Fasse,*
*Eine trank ich unsrer Liebe,*
*Zehne trink' ich unserm Hasse!*"

Sei's drum und ... Prosit!

Der Säufer und der Bettler, München, Skizze nach 1865: *„Was?! Betteln!! Hier im Wirtshaus?! Mit dem versuffnenen Kopf ??!! - Naus!"*, siehe auch das Gedicht Seite 70.

# Von mir über mich

(1893)

Biographisches von Wilhelm Busch
(Auszug)

Kein Ding sieht so aus, wie es ist. Am wenigsten der Mensch, dieser lederne Sack voller Kniffe und Pfiffe. Und auch abgesehen von den Kapriolen und Masken der Eitelkeit. Immer, wenn man was wissen will, muß man sich auf die zweifelhafte Dienerschaft des Kopfes und der Köpfe verlassen und erfährt nie recht, was passiert ist. Wer ist heutigentages noch so harmlos, daß er Weltgeschichten und Biographien für richtig hält? Sie gleichen den Sagen und Anekdoten, die Namen, Zeit und Ort benennen, um sich glaubhaft zu machen. Sind sie unterhaltlich erzählt, sind sie ermunternd und lehrreich, oder rührend und erbaulich, nun gut! so wollen wir's gelten lassen. Ist man aber nicht grad ein Professor der Beredsamkeit und sonst noch allerlei, was der heilige Augustinus gewesen, und will doch partout über sich selbst was schreiben, dann wird man wohl am besten tun man faßt sich kurz. Und so auch ich.

Ich bin geboren im April 1832 zu Wiedensahl als der erste von sieben. Mein Vater war Krämer; klein, kraus, rührig, mäßig und gewissenhaft; stets besorgt, nie zärtlich; zum Spaß geneigt, aber ernst gegen Dummheiten. Er rauchte stets Pfeifen, doch als Feind aller Neuerungen niemals Zigarren, nahm daher auch niemals Reibhölzer sondern blieb bei Zunder, Stahl und Stein oder Fidibus. Jeden Abend spazierte er allein durchs Dorf; zur Nachtigallenzeit in den Wald. Meine Mutter, still, fleißig, fromm, pflegte nach dem Abendessen zu lesen. Beide lebten einträchtig und so häuslich, daß einst über zwanzig Jahre vergingen, ohne daß sie zusammen ausfuhren.

Was weiß ich denn noch aus meinem dritten Jahr? Knecht Heinrich macht schöne Flöten für mich und spielt selber auf der Maultrommel, und im Garten ist das Gras fast so hoch wie ich, und die Erbsen sind noch höher, und hinter dem strohgedeckten Hause, neben dem Brunnen, stand ein flacher Kübel mit Wasser, und ich sah mein Schwesterchen drin liegen, wie ein Bild unter Glas und Rahmen, und als die Mutter kam, war's kaum noch ins Leben zu bringen.

Mein gutes Großmütterlein war zuerst wach in der

Früh. Sie schlug Funken am P-förmigen Stahl, bis einer zündend ins "Usel" sprang, in die halbverkohlte Leinwand im Deckelkästchen des Feuerzeugs, und bald flackerte es lustig in der Küche auf dem offenen Herde unter dem Dreifuß und dem kupfernen Kessel, und nicht lange, so hatte auch das Kanonenöfchen in der Stube ein rotglühendes Bäuchlein worin's bullerte. Als ich sieben, acht Jahre alt war, durft ich zuweilen mit aufstehn; und im Winter besonders kam es mir wonnig geheimnisvoll vor, so früh am Tag schon selbstbewußt in dieser Welt zu sein, wenn ringsumher noch alles still und tot und dunkel war. Dann saßen wir zwei, bis das Wasser kochte, im engen Lichtbezirk der pompejanisch geformten zinnernen Lampe. Sie spann. Ich las ein paar schöne Morgenlieder aus dem Gesangbuch vor.

Später beim Kaffee nahmen Herrschaft, Knecht und Mägde, wie es guten Freunden geziemt, am nämlichen Tische Platz.

Als ich neun Jahre alt geworden, beschloß man, mich dem Bruder meiner Mutter in Ebergötzen zu übergeben.

Gleich am Tage nach der Ankunft schloß ich Freundschaft mit dem Sohne des Müllers. Wir gingen vors Dorf hinaus, um zu baden. Wir machten eine Mudde aus Erde und Wasser, die wir "Peter und Paul" benannten, überkleisterten uns damit von oben bis unten, legten uns in die Sonne, bis wir inkrustiert waren wie Pasteten, und spülten's im Bach wieder ab.

Das Bündnis mit diesem Freunde ist von Dauer gewesen. Alljährlich besuch ich ihn und schlafe noch immer sehr gut beim Rumpumpeln des Mühlwerks und dem Rauschen des Wassers.

Meine Studien teilten sich naturgemäß in beliebte und unbeliebte. Zu den ersteren rechne ich Märchenlesen, Zeichnen, Forellenfischen und Vogelstellen.

Etwa ums Jahr 45 bezogen wir die Pfarre zu Lüthorst.

Unter meinem Fenster murmelte der Bach. Gegenüber am Ufer stand ein Haus, eine Schaubühne des ehelichen Zwistes. Das Stück fing an hinter der Szene, spielte weiter auf dem Flur und schloß im Freien. Sie stand oben vor der Tür und schwang triumphierend den Reiserbesen; er stand unten im Bach und streckte die Zunge heraus; und so hatte er auch seinen Triumph.

In den Stundenplan schlich sich nun auch die Metrik ein. Dichter, heimische und fremde, wurden gelesen.

Zugleich fiel mir die "Kritik der reinen Vernunft" in die Hände, die, wenn auch damals nur spärlich durchschaut, doch eine Neigung erweckte, in den Laubengängen des intimeren Gehirns zu lustwandeln, wo es bekanntlich schön schattig ist.

Sechzehn Jahre alt, ausgerüstet mit einem Sonett nebst zweifelhafter Kenntnis der vier Grundrechnungsarten, erhielt ich Einlaß zur polytechnischen Schule in Hannover, allwo ich mich in der reinen Mathematik bis zu "Nummer Eins mit Auszeichnung" emporschwang.

Nachdem ich drei bis vier Jahre in Hannover gehaust, verfügte ich mich, von einem Maler ermuntert, in den Düsseldorfer Antikensaal. Unter Anwendung von Gummi, Semmel und Kreide übte und erlernte ich daselbst die beliebte Methode des "Tupfens", womit man das reizende lithographische "Korn" erzeugt.

Von Düsseldorf geriet ich nach Antwerpen in die Malschule.

In dieser kunstberühmten Stadt sah ich zum erstenmal die Werke alter Meister: Rubens, Brouwer, Teniers; später Frans Hals. Ihre göttliche Leichtigkeit der Darstellung malerischer Einfälle, verbunden mit stofflich juwelenhaftem Reiz; diese Unbefangenheit eines guten Gewissens, welches nichts zu vertuschen braucht; diese Farbenmusik, worin man alle Stimmen klar durchhört, vom Grundbaß herauf, haben für immer meine Liebe und Bewunderung gewonnen.

Nach Antwerpen hielt ich mich in der Heimat auf.

Was damals die Leute ut ôler welt erzählten, sucht ich mir fleißig zu merken, doch wußte ich leider zu wenig, um zu wissen, was darunter wissenschaftlich bemerkenswert ist.

Von Wiedensahl aus besucht ich auf längere Zeit den Onkel in Lüthorst. Ein Liebhabertheater im benachbarten Städtchen zog mich in den angenehmen Kreis seiner Tätigkeit; aber mehr noch fesselte mich das wundersame Leben des Bienenvolkes und der damals wogende Kampf um die Parthenogenesis, den mein Onkel als gewandter Schriftsteller und Beobachter entscheidend mit durchfocht. Der Wunsch und Plan, nach Brasilien auszuwandern, dem Eldorado der Imker, hat sich nicht verwirklichen sollen. Die Annahme, daß ich praktischer Bienenzüchter geworden sei, ist freundlicher Irrtum.

Von Lüthorst trieb mich der Wind nach München, wo

bei der grad herrschenden akademischen Strömung das kleine, nicht eben geschickt gesteuerte flämische Schifflein gar bald auf dem Trockenen saß.

Um so angenehmer war es im Künstlerverein, wo man sang und trank und sich nebenbei karikierend zu necken pflegte. Auch ich war solchen persönlichen Späßen nicht abgeneigt. Man ist ein Mensch und erfrischt und erbaut sich gern an den kleinen Verdrießlichkeiten und Dummheiten anderer Leute. Selbst über sich selber kann man lachen mitunter, und das ist ein Extrapläsier, denn dann kommt man sich sogar noch klüger und gedockener vor als man selbst.

Lachen ist ein Ausdruck relativer Behaglichkeit. Der Franzel hinter dem Ofen freut sich der Wärme um so mehr, wenn er sieht, wie sich draußen der Hansel in die rötlichen Hände pustet. Zum Gebrauch in der Öffentlichkeit habe ich jedoch nur Phantasiehanseln in Anwendung gebracht. Man kann sie auch besser herrichten ganz nach Bedarf und sie eher tun und sagen lassen, was man will. Gut schien mir oft der Trochäus für biederes Reden; stets praktisch der Holzschnittstrich für stilvoll heitere Gestalten. So ein Konturwesen macht sich leicht frei von dem Gesetze der Schwere und kann, besonders wenn es nicht schön ist, viel aushalten, eh' es uns weh tut. Man sieht die Sach an und schwebt derweil in behaglichem Selbstgefühl über den Leiden der Welt, ja über dem Künstler, der gar so naiv ist.

Es kann 59 gewesen sein, als zuerst in den "Fliegenden" eine Zeichnung mit Text von mir gedruckt wurde: zwei Männer, die aufs Eis gehn, wobei einer den Kopf verliert. Vielfach, wie's die Not gebot, illustrierte ich dann neben eigenen auch fremde Texte. Bald aber meint ich, ich müßt alles halt selber machen. Die Situationen gerieten in Fluß und gruppierten sich zu kleinen Bildergeschichten, denen größere gefolgt sind. Fast alle hab ich, ohne wem was zu sagen, in Wiedensahl verfertigt. Dann hab ich sie laufen lassen auf den Markt, und da sind sie herumgesprungen, wie Buben tun, ohne viel Rücksicht zu nehmen auf gar zu empfindsame Hühneraugen; und sogar ein altes, schwäbisches Bäuerlein, das seine Ferkel zu Markte trieb, hat sich recht drüber ärgern müssen.

Ich komme zum Schluß. Das Porträt, um rund zu erscheinen, hätte mehr Reflexe gebraucht. Doch manche treffliche Menschen, die ich liebe und verehre, für Selbstbeleuchtungszwecke zu verwenden, wollte mir nicht passend erscheinen, und in Bezug auf andre, die mir weniger sympathisch gewesen, halte ich ohnedies schon längst ein mildes, gemütliches Schweigen für gut.

So stehe ich denn tief unten an der Schattenseite des Berges. Aber ich bin nicht grämlich geworden; sondern wohlgemut, halb schmunzelnd, halb gerührt, höre ich das fröhliche Lachen von anderseits her, wo die Jugend im Sonnenschein nachrückt und hoffnungsfreudig nach oben strebt.

Wiedensahl, Januar 1893.

# WILHELM-BUSCH-REIHE

| Nr. | Titel | ISBN | Erscheint |
|---|---|---|---|
| 1 | Wilhelm Busch und der Wein | 3-87716-879-5 | September 1995 |
| 2 | Essen und Trinken bei Wilhelm Busch | 3-87716-878-7 | November 1995 |
| 3 | Ärzte, Apotheker, Patienten bei Wilhelm Busch | 3-87716-877-9 | Dezember 1995 |
| 4 | Musiziert mit Wilhelm Busch | 3-87716-876-0 | Februar 1996 |
| 5 | Schulmeister und Schüler im Klassenzimmer von Wilhelm Busch | 3-87716-875-2 | April 1996 |
| 6 | Verliebte, Freier, Eheleute - beobachtet von Wilhelm Busch | 3-87716-874-4 | Mai 1996 |
| 7 | Wilhelm Busch über alles, was da kreucht und fleugt | 3-87716-873-6 | August 1996 |
| 8 | Glückwünsche, Reime, Sinnsprüche von Wilhelm Busch | 3-87716-872-8 | September 1996 |
| 9 | Schreiberlinge und Poeten - vorgestellt von Wilhelm Busch | 3-87716-871-x | Oktober 1996 |
| 10 | Beamte und Advokaten - beobachtet von Wilhelm Busch | 3-87716-870-1 | November 1996 |